PRIJSBEPALINGSMODEL VOOR KAPITAALGOEDEREN

Prijsmodel voor kapitaal

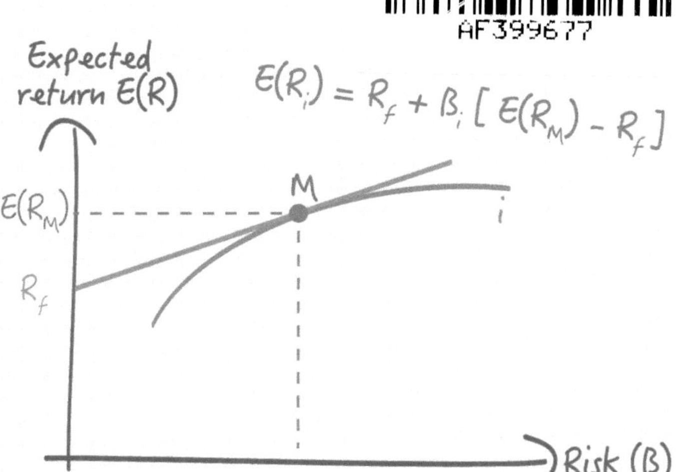

50MINUTES.com

PRIJSBEPALINGSMODEL VOOR KAPITAALGOEDEREN

Prijsmodel voor kapitaal

geschreven door Ariane de Saeger
vertaald door Nikki Claes

PRIJSBEPALINGSMODEL VOOR KAPITAALGOEDEREN

BELANGRIJKE INFORMATIE

- **Namen:** Capital Asset Pricing Model, CAPM.

- **Gebruikt:** het CAPM is een wiskundige methode om de rentabiliteit van een financieel actief te schatten. De rendementsverwachting wordt berekend volgens het risico dat het actief inhoudt.

- **Waarom is de methode succesvol?** Het CAPM is een van de populairste risicobeoordelingsmethoden voor financiële activa. De doeltreffendheid ervan is echter bekritiseerd door economen als Richard Roll (Amerikaans econoom, geboren in 1939).

- **Trefwoorden:**

  - Kapitaalmarkt: een ontmoetingsplaats tussen vraag en aanbod van kapitaal. Het aanbod komt overeen met het spaargeld (het overschot aan beschikbaar kapitaal) dat ter beschikking wordt gesteld van degenen die willen lenen. Degenen die lenen vormen de vraag (de behoefte aan financiering). Evenwicht op deze markt is cruciaal.

  - Financiële activa: een actief is een effect of een contract dat de houder de mogelijkheid biedt een winst te verkrijgen in ruil voor een bepaald risico.

Bijvoorbeeld: ik koop aandelen (een financieel actief), in de hoop dat de waarde mettertijd zal stijgen en ik ze kan verkopen om winst te maken. Als de waarde van het aandeel echter daalt, maak ik verlies op mijn aankoop.

- Rentevoet: de rentevoet vertegenwoordigt de kosten van geld. Zij maakt het dus mogelijk de kosten te berekenen die verbonden zijn aan het lenen of beleggen van geld. De rentevoet kan ook worden gedefinieerd als de vergoeding die wordt verkregen bij beleggingen.

- Portefeuille: alle overdraagbare effecten (met name aandelen en obligaties) die een persoon, een bedrijf, een bank, enz. bezit.

- Rendement: het rendement van een geïnvesteerd bedrag. Als ik mijn geld investeer met een rentevoet van 7% en een vriend investeert hetzelfde bedrag met een rentevoet van 4%, kan ik zeggen dat mijn rendement op het geïnvesteerde kapitaal beter is dan het zijne.

- Beurs: een openbare of particuliere instelling die de uitwisseling van activa en transacties van effecten (zoals aandelen) mogelijk maakt. Met andere woorden, het is een financierings- en investeringsmarkt waar de prijs wordt bepaald aan de hand van vraag en aanbod.

INLEIDING

In de jaren vijftig ontwikkelden de financiële markten zich en werden zij de ideale intermediair voor het in evenwicht brengen van de capaciteiten en financieringsbehoeften van de verschillende economische actoren. Hun doel was de financiering van de economie te verzekeren via een reeks middelen (sparen, aankoop van effecten, aankoop van activa enz.). Bij de belegging van een financieel activum spelen twee nauw met elkaar verbonden variabelen een rol: rendement en risico.

Om deze twee variabelen beter te definiëren, werden door verschillende economen studies uitgevoerd:

- Frank Knight (Amerikaans econoom, 1885-1972) definieerde de begrippen "onzekerheid" en "risico" in 1921.

- Het werk van Harry Markowitz (Amerikaans econoom, geboren in 1927) vormde in 1950 het begin van de moderne diversificatietheorie, sinds 1952 bekend als de moderne portefeuilletheorie. Deze theorie geeft een financiële beschouwing over het gebruik van diversificatie om een portefeuille te optimaliseren. Dit is de versie die het meest lijkt op het huidige CAPM.

- In de jaren zestig en begin jaren zeventig ontwikkelden de Amerikaanse economen William Sharpe (geboren in 1934), John Lintner (1916-1983) en Fischer Black (1938-1995) en de Noorse econoom Jan Mossin (1936-1987) eerdere financiële modellen, waaruit het CAPM is voortgekomen.

👁 DEFINITIE VAN HET MODEL

Het CAPM wordt zowel gebruikt op de financiële markten als voor het oplossen van financiële problemen in
het bedrijfsleven. Het berekeningsmodel is gebaseerd
op de meting van het systematische risico, het
verwachte rendement en de rentevoet. Met andere
woorden, met het CAPM kan het rendement van een
actief, in verhouding tot zijn risico, worden geschat.

THEORIE

Dit deel bevat informatie over de waarderingsmethode van financiële activa vanuit een zuiver theoretisch oogpunt, zodat alle nuances van het CAPM kunnen worden begrepen.

CONTEXT

Dit model werd ontwikkeld op een moment dat alle financiële markten verbeterden en gestandaardiseerd werden. Het werd gecreëerd, omdat beleggers zich meer bewust wilden zijn van de risico's van een financiële belegging.

De bijdrage van Markowitz

Het CAPM breidt de moderne portefeuilletheorie van Markowitz uit, zowel in zijn aannames als in zijn conclusies. Markowitz benadrukte de voordelen van portefeuillediversificatie voor beleggers die de beste risico-rendementsverhouding willen verkrijgen.

Markowitz neemt in zijn model vijf veronderstellingen op:

1. Financiële markten moeten efficiënt zijn, hetgeen betekent dat de prijs en het rendement van financiële activa altijd een accuraat beeld geven van alle informatie die over deze activa beschikbaar is;

2. Beleggers zijn risicomijdend en nemen daarom geen extra risico's zonder de garantie op extra rendement;

3. De markten zijn in evenwicht;

4. Er is geen arbitragemogelijkheid op evenwichtige markten, aangezien het aanbod van activa perfect zou overeenstemmen met de vraag naar deze activa en de prijs dan op natuurlijke wijze in evenwicht zou zijn;

5. Ten slotte maakt de belegger rationele keuzes.

 **DEFINITIES**

Arbitragekans: de mogelijkheid voor een belegger om zijn activaportefeuille te wijzigen volgens zijn verwachtingen. Concreet gaat het om een verrichting (kopen of verkopen) die wordt omgekeerd voor twee verschillende markten, twee producten of twee termijnen. De kans bestaat te profiteren van handelsanomalieën.

Activacorrelatie: de relatie tussen twee financiële activa die in dezelfde richting (positieve correlatie) of in de tegenovergestelde richting (negatieve correlatie) gaan.

De bijdragen van Markowitz zijn tweeledig. Enerzijds wijst hij erop dat de voordelen van de diversificatie van activaportefeuilles niet gebaseerd zijn op het ontbreken van correlatie tussen rendementen, maar veeleer op hun onvolmaakte of gedeeltelijke correlatie.

Anderzijds toont hij aan dat de aan diversificatie verbonden risicovermindering beperkt wordt door de mate van correlatie tussen activa. Bijgevolg toont Markowitz aan dat diversificatie het risico vermindert zonder de rentabiliteit aan te tasten.

Het prijsbepalingsmodel voor kapitaalgoederen verruimt daarentegen het toepassingsgebied, omdat het alle economische subjecten in aanmerking neemt.

HET HOOFDDOEL VAN HET CAPM

Zoals gezegd is het doel van het CAPM de belegger zoveel mogelijk informatie te geven over de risico's en de potentiële rentabiliteit van de financiële activa waarin hij wil beleggen. De slimme belegger kiest ofwel voor een efficiënte risicovolle portefeuille, ofwel voor een evenwicht tussen risicovolle en niet-risicovolle activa. Met het CAPM kan de evenwichtsprijs van activa worden vastgesteld.

VERONDERSTELLINGEN VAN HET MODEL

 **DEFINITIES**

Standaardafwijking: de meestgebruikte maat voor spreiding om een centrale trend te schetsen. De standaardafwijking meet dus de variabiliteit ten opzichte van het gemiddelde.

Verwachting: weergave van de gemiddelde winst die of het gemiddelde verlies dat een persoon waarschijnlijk zal ontvangen als onderdeel van een willekeurig experiment.

- Alle beleggers worden beschouwd als "beleggers" volgens de definitie van Markowitz: zij beschouwen elk actief alleen in termen van risico/winstgevendheid. De markt is zonder "frictie", wat betekent dat er geen transactiekosten zijn, geen commissie, enz.

- Meerwaarden en dividenden worden niet belast.

- De markt is evenwichtig en een belegger kan om het even welke activa kopen of verkopen zolang dit geen invloed heeft op de aandelenprijs; de informatie is transparant.

- Beleggers houden niet van risicoloze beleggingen. Daarom kiezen zij voor een hoger of lager risiconiveau, afhankelijk van de vergoeding die zij daarvoor zouden kunnen krijgen (risicopremie).

- Beleggers hebben dezelfde tijdshorizon, waardoor de analyses enigszins gestandaardiseerd kunnen worden.

- Beleggers anticiperen op dezelfde manier op de toekomstige prestaties van de effecten.

- Beleggingen zijn oneindig deelbaar: het is mogelijk fracties van aandelen of portefeuilles te kopen of te verkopen.

- Beleggers beheersen het risico door diversificatie.

- Beleggers kunnen een willekeurige som geld lenen of uitlenen tegen een risicovrije rente.

- De rentabiliteit van een actief wordt geschat aan de hand van de verwachte winst bij een bepaalde horizon en het risico wordt geschat aan de hand van de standaardafwijking van de variaties in het verleden. Zo zal een relatief riskant aandeel fluctuerende koersen en dus een hogere standaardafwijking vertonen.

Veronderstel dat er homogeniteit bestaat in de verwachtingen, standaardafwijkingen en variaties, alsmede in de correlaties tussen de verschillende financiële activa.

Bovendien bestaat elke portefeuille uit hetzelfde soort activa. Alleen de verhouding – het percentage risico (laag of hoog) – van risicovolle en niet-risicovolle activa is verschillend.

ONDERDELEN VAN HET MODEL

Het CAPM is gebaseerd op het feit dat de verschillende activa en activaportefeuilles worden geanalyseerd in termen van hun risico-rendementsverhouding, en de uitdaging voor elke belegger bestaat erin te streven naar een portefeuille met maximaal nut. Er zijn drie essentiële componenten om een efficiënte portefeuille samen te stellen:

- De kapitaalmarktlijn, die de verschillende risico-rendementcombinaties detecteert;

- De marktpremie, die de kosten van het risico bepaalt;

- De bètacoëfficiënt, die het risico van een activum ten opzichte van het marktrisico meet.

De kapitaalmarktlijn (CML)

De kapitaalmarktlijn toont de risico-rendementcombinaties van financiële activa. 'R_f' is het rendementsniveau voor een risicovrij activum (bijvoorbeeld staatsobligaties), terwijl M verwijst naar de totale combinatie die op de markt wordt waargenomen, ook wel de marktportefeuille genoemd. De keuze van de combinatie hangt af van het profiel van de belegger en zijn risicoaversie.

Marktpremie en het CAPM

De belegger heeft een marktpremie nodig die het genomen risico dekt. Hoe groter het risico, hoe hoger de premie en hoe steiler de CLM-helling.

De bètarisico-indicator

Het CAPM meet niet het risiconiveau, maar het relatieve risico van het actief of de portefeuille ten opzichte van de markt, 'ß' (bèta) genoemd. Met andere woorden, bèta is de relatie tussen veranderingen in de prijs van een financieel activum (dit wordt "volatiliteit" genoemd) en veranderingen in prijzen op de markt in het algemeen. Dit is de gevoeligheid of elasticiteit van de prijs van een actief ten opzichte van de aandelenindex die de markt vertegenwoordigt. Hoe dichter de waarde van bèta bij 1 ligt, hoe minder volatiel de activa worden geacht.

De risicopremie voor een financieel actief is dus gelijk aan zijn bètacoëfficiënt vermenigvuldigd met het totale marktrisico.

Het CAPM is gelijk aan de risicopremie van een activum '*i*' of een portefeuille en de marktrisicopremie vermenigvuldigd met de bètawaarde van het beschouwde activum.

Het verwachte rendement voor het activum '*i*' ($E(R_i)$) kan worden berekend zolang de risicovrije rente, de bèta van het activum en de marktpremie bekend zijn. Omgekeerd kan, indien het rendement bekend is, ook het risico worden berekend.

VOORDELEN

WIST JE DAT?

De discontovoet is het percentage waarmee een toekomstige waarde kan worden omgezet in een huidige waarde, rekening houdend met het feit dat hoe langer de periode tussen het heden en de toekomst is, hoe meer de huidige waarde afneemt.

Het CAPM biedt verschillende voordelen:

- Het maakt het mogelijk de verschillende rendementen voor de betrokken activa te berekenen;

- Het vergemakkelijkt economische en financiële besluitvorming door risico's te berekenen;

- Het model is eenvoudiger te gebruiken dan de theorie van arbitrageprijzen, hoewel het econometrisch gezien minder nauwkeurig is;
- Er zijn twee nuttige toepassingen voor het model:
  - Het meten van de prestaties van fondsbeheerders;
  - Het berekenen van de juiste discontovoet om de toekomstige inkomsten van een onderneming te beoordelen.

CONCLUSIE

Het is dan ook begrijpelijk dat een rationele belegger in het algemeen zal kiezen voor een gediversifieerde portefeuille van financiële activa (risicovolle en niet-risicovolle activa) om een maximaal rendement en een beperkt risico te garanderen.

Hoewel het moeilijk is de doeltreffendheid ervan te beoordelen, blijft het CAPM een instrument voor prestatiemeting dat gebruikers in staat stelt het werk van het management en de marktrealiteit te vergelijken en dat tevens de juiste discontovoet aangeeft om de toekomstige inkomsten van een onderneming te berekenen.

BEPERKINGEN EN UITBREIDINGEN

BEPERKINGEN EN KRITIEK

De beperkingen van het CAPM zijn talrijk en de kritiek heeft meestal te maken met de gemaakte vooronderstellingen.

- **De instabiliteit van bèta.** Ter herinnering: bèta is het relatieve risico van een activum of portefeuille in vergelijking met de rest van de markt. Deze instabiliteit vloeit voort uit het feit dat het risico van een actief variabel is en dus op elk moment kan veranderen. Stel bijvoorbeeld dat ik op tijdstip 't' een financieel actief koop en ik bereken het risico 'x' dat ik neem met deze belegging. Op dat moment is er geen garantie dat op tijdstip 't + 1' het risico 'x' van dat activum niet zal zijn veranderd als gevolg van externe factoren (zoals een crisis). Om dit euvel te verhelpen neemt de beheerder doorgaans alle bèta's in aanmerking om het individuele risico gedeeltelijk te beperken.

- **De grens van portefeuillediversificatie.** Het is onmogelijk een portefeuille volledig te diversifiëren: beleggers moeten een aantal gediversifieerde financiële activa kopen alvorens te streven naar gedeeltelijke correlatie (in het geval dat diversificatie het risico vermindert). Bovendien kan een portefeuille met een verminderde correlatie uiteindelijk correleren door de veranderende economische, sociale en politieke context.

- **De moeilijkheid van praktische toepassing** in een voorspellingscontext.

- **De onrealistische veronderstellingen.** Het is bijna onmogelijk om een precies idee te hebben van de risicovrije koersen waarin belegd moet worden, want er is geen uniforme belastingheffing tussen financiele activa, terwijl transactiekosten zeer reëel zijn, enz.

- **De afhankelijkheid van studies van het CAPM van portefeuillekeuzes in de markt.** Deze afhankelijkheid is uitgewerkt door de econoom Richard Roll.

ZWAKKE PUNTEN EN KRITIEK

Op ruimere schaal betwisten critici de relatieve efficientie van het CAPM.

Roll vraagt zich dan ook af of het mogelijk is de doeltreffendheid van het model te testen. Volgens hem zouden we, om het te verifiëren, de efficiëntie van de marktportefeuille moeten kunnen meten, wat hij onmogelijk acht. Hij betoogt dat, aangezien de portefeuille niet alleen alle aandelen, maar ook onder meer obligaties, onroerend goed en edele metalen omvat, deze niet nauwkeurig kan worden gemeten en niet effectief in het CAPM kan worden geïntegreerd.

VERWANTE MODELLEN EN UITBREIDINGEN

Terwijl het CAPM uitsluitend gebaseerd is op de evaluatie van de bèta, een instrument om het variabele risico te meten, bieden andere modellen alternatieve methoden waarmee ook het financiële risico kan worden bepaald.

Arbitrageprijstheorie (APT)

Gezien de volatiliteit van de in de CAPM waargenomen bèta's, presenteerde Stephen Alan Ross (Amerikaans econoom, geboren in 1944) in 1976 een alternatief model op basis van de arbitragetheorie.

Volgens hem zijn er verschillende economische factoren die de winstgevendheid beïnvloeden:

- Enerzijds algemene factoren die tegelijkertijd de rentabiliteit van verschillende activa beïnvloeden;

- Anderzijds factoren die specifiek zijn voor een activum en die alleen de rentabiliteit van dat activum beïnvloeden.

De arbitragetheorie stelt verder dat de factoren die specifiek zijn voor verschillende activa onafhankelijk zijn van de algemene factoren en ook onafhankelijk zijn van elkaar.

Het principe van arbitrage doet zich voor wanneer twee activa, met dezelfde gevoeligheden voor verschillende factoren, niet hetzelfde verwachte rendement hebben. Als er geen arbitragemogelijkheid is, wat betekent dat ze hetzelfde verwachte rendement hebben, moet het marktrisico van het actief worden berekend aan de hand van de bèta's met betrekking tot de niet-specifieke marktfactoren die alle beleggingen beïnvloeden.

De APT wordt meer algemeen toegepast dan het CAPM. Haar belangrijkste zwakte ligt echter in de oorsprong en de keuze van de factoren die de activa beïnvloeden.

Multifactormodel

Het multifactormodel tracht de tekortkoming van het APT te ondervangen, namelijk de identificatie van specifieke economische factoren die het risico kunnen beïnvloeden. Aangezien het marktrisico de meeste (zo niet alle) beleggingen treft, komt het voort uit macro-economische factoren. Het model definieert het marktrisico dus als het risico van blootstelling van een actief aan macro-economische factoren. Voor dit model is de basis voor de berekening van het risico de bèta van het activum ten opzichte van de macro-economische factoren.

Driefactorenmodel van Fama-French of representatief variabelenmodel

 **DEFINITIES**

<u>Marktkapitalisatie (MC):</u> beoordelingsratio waarmee de omvang van een bedrijf kan worden gemeten, naast andere criteria zoals het aantal werknemers of

de omzet. Grote MC – die enkele miljarden ponden vertegenwoordigt – wordt onderscheiden van kleinere MC.

<u>'Book-to-market'-ratio:</u> hulpmiddel om te bepalen of het activum onder- of overgewaardeerd is. Als de ratio groter is dan 1, is het actief ondergewaardeerd. Is hij daarentegen kleiner dan 1, dan is hij overgewaardeerd. Deze ratio werd bepaald door de Amerikaanse economen Eugene Francis Fama (geboren in 1939, winnaar van de Nobelprijs voor Economische Wetenschappen in 2013) en Kenneth Ronald French (geboren in 1954) als een directe indicator van de vooruitzichten van een onderneming.

Dit model werd begin jaren negentig ontwikkeld door de Amerikaanse economen Eugene Francis Fama en Kenneth Ronald French en is geïnspireerd op het multifactoriële model, dat stelt dat het rendement door meer dan één factor wordt beïnvloed. Het 'Fama-French'-model wijst op het bestaan van twee factoren die het rendement beïnvloeden:

- **De omvang van de onderneming.** Fama en French meten de omvang van een onderneming aan de hand van de marktkapitalisatie (MC). Zij merken met name op dat activa van kleine MC-ondernemingen, die als risicovoller en met hogere kapitaalkosten worden beschouwd, een hoog gemiddeld rendement hebben in vergelijking met grotere MC-ondernemingen. Bijgevolg hebben effecten van kleine MC-ondernemingen een overschot aan rendement ten opzichte van risicovrije activa, dat hoger is dan het CAPM voorspelt.

- Net als de marktkapitalisatie zijn **de aandelen met een hogere 'book-to-market'-ratio**, die relatief onderschat worden door de markt, risicovoller en hebben ze hogere kapitaalkosten. Toch zijn het vaak deze aandelen die het hoogste rendement opleveren.

Door de MC en de 'book-to-market'-ratio te vergelijken, stellen Fama en French vast dat de 'book-to market'-ratio statistisch relevanter is dan de MC en een belangrijke factor is die een sterke invloed heeft op het vermogen. Bovendien stellen zij vast dat op lange termijn de relatie tussen de boekhoudkundige verhouding en het rendement veel sterker en stabieler is dan de relatie tussen de MC en het rendement.

Geconcludeerd kan worden dat winstgevende investeringen worden gedaan in ondernemingen met een lage marktkapitalisatie en een hoge boekwaarde, waarmee in het CAPM-model geen rekening kon worden gehouden.

PRAKTISCHE TOEPASSING

Dit deel geeft informatie over de te volgen stappen en de te stellen vragen bij de uitvoering van het CAPM. Ook worden nuttige aanbevelingen gegeven om fouten te voorkomen.

ADVIES EN BESTE PRAKTIJKEN

Bepaling van het risico van een investering

De eerste stap is het bepalen van het risico van een investering. Dit risico kan worden gemeten aan de hand van de variantie van de werkelijke winstgevendheid ten opzichte van de verwachte inkomsten. Vervolgens kan het risiconiveau van de activa worden vastgesteld: geen risico, laag risico of hoog risico.

Onderscheid tussen betaalde en niet-betaalde risico's

Zodra het risiconiveau is vastgesteld, moet onderscheid worden gemaakt tussen betaalde en niet-betaalde risico's. Elk bepaald activum kent twee soorten risico: het risico dat specifiek is voor een belegging, het zogenaamde "bedrijfsrisico" of "inherent risico", en het algemene risico van alle beleggingen, het zogenaamde "marktrisico".

- **Het specifieke risico** kan in een gediversifieerde portefeuille worden beheerst als de specifiek risicovolle belegging slechts een klein deel van de portefeuille uitmaakt en bijvoorbeeld kan worden gecompenseerd door een minder risicovolle specifieke belegging. Men spreekt dan van "middelgroot risico", dat betrekking heeft op de verschillende specifieke risicobeleggingen uit één portefeuille.

- **Het marktrisico,** dat alle beleggingen treft, kan niet worden beheerst, omdat het doorgaans betrekking heeft op alle financiële activa op de markt. Aan dit risico liggen twee factoren ten grondslag: algemene ontwikkelingen in de economische wereld – van belastingen tot prijsbeleid – en de manier waarop beleggers tegenover deze mogelijke ontwikkelingen staan.

De slimme belegger, die er gewoonlijk voor heeft gezorgd dat hij over een gediversifieerde portefeuille beschikt, wordt niet gecompenseerd voor de risico's in verband met marktveranderingen.

Meten van het marktrisico

Om dit risico te berekenen kan de belegger verschillende methoden gebruiken, waaronder het CAPM, het APT, het multifactormodel en het hierboven geschetste 'Fama-French'-model. Afhankelijk van de gemaakte veronderstellingen wordt het marktrisico verschillend waargenomen en berekend.

Het CAPM is gebaseerd op het feit dat individuele activa en portefeuilles worden beoordeeld aan de hand van de risico-rendementsverhouding en dat het doel van elke belegger is te streven naar de meest efficiënte portefeuille. Dit kan worden bereikt in drie stappen.

1. De belegger moet de "efficiënte grens" bepalen, dat wil zeggen de verzameling portefeuilles die het risico bij een gegeven gemiddeld rendement zo klein mogelijk houdt. Deze verzameling portefeuilles wordt de efficiënte verzameling genoemd en wordt voorgesteld door het gebied binnen de parapluvorm. Hieronder zien we dat het punt 'x' niet rationeel is, want voor hetzelfde risiconiveau is er een combinatie van hoger rendement, 'e'.

   De som van de geïnvesteerde bedragen moet gelijk zijn aan 1. Hoe zwakker de correlatiecoëfficiënt, hoe meer het risico wordt verminderd: de indifferentiecurve verschuift dan naar links.

   De indifferentiecurve is de reeks combinaties van twee goederen of twee factoren die de consument of belegger dezelfde mate van tevredenheid verschaffen. De Y-as, *E(R), komt* overeen met het verwachte rendement, terwijl de X-as overeenkomt met het risiconiveau. Aangezien elke curve de belegger dezelfde voldoening geeft, zal hij voor een verschillende combinatie van risico en rendement en ongeacht de specifieke indifferentiecurve, de portefeuille met het hoogste rendement voor een gegeven risico kiezen.

2. Afhankelijk van zijn risicohouding (indifferentiecurve) kiest de belegger "zijn" optimale portefeuille. Dit komt overeen met het raakpunt tussen de indifferentiecurve en de *efficient frontier*. Als hij een risicovrij

activum overweegt, zal de belegger een deel van zijn vermogen kunnen beleggen in een van de risicovollere portefeuilles op de *efficient frontier* van risicovolle activa en een ander deel in een risicovrij activum.

3. Om dit risico wiskundig te meten, moet de belegger de formule gebruiken die in de theoretische definitie van het begrip is opgenomen.

4. Bovendien is het algemeen bekend dat de evaluaties van financiële activa tegenwoordig door computers worden uitgevoerd.

AANBEVELINGEN

Noodzakelijke aannames en varianten van het model

Bij de toepassing van het CAPM moet men beseffen dat het model niet altijd realistisch is. Gezien de huidige situatie zijn de veronderstellingen van het model zelden geldig. De berekening van de risico-rendementsverhouding moet daarom worden uitgebreid tot ruimere veronderstellingen en varianten. Hieronder volgen enkele voorbeelden van geconstateerde tegenstrijdigheden:

- Het model beschouwt alleen de op de beurs verhandelde effecten in de marktportefeuille. Een marktportefeuille moet worden gedefinieerd door alle bestaande investeringsmogelijkheden in de economie en is dus veel ruimer.

- Het CAPM gaat uit van veronderstellingen die in de huidige context moeilijk toepasbaar zijn. Het theoretische model moet dus worden uitgebreid naar de realiteit van onze omgeving, waardoor het vaak minder relevant en complexer wordt.

- *Zero bèta* of geen risico. Het is meestal onmogelijk om tegen een risicovrije rente te lenen. U kunt niet echt aannemen dat er een risicovrij actief bestaat. Het CAPM moet worden aangepast aan deze realiteit.

- Het CAPM gaat er ook van uit dat er geen belasting, geen transactiekosten enz. zijn. Deze aanname moet worden heroverwogen, aangezien beleggers wel degelijk te maken hebben met belastingen (inclusief dividenden en meerwaarden bij verkoop) en transactiekosten. Als met al deze extra kosten rekening wordt gehouden, zullen beleggers geneigd zijn de omvang van hun portefeuille te beperken door minder aandelen te kopen.

Er zijn vele uitbreidingen van de aannames en varianten op het model. Met name in hoofdstuk 3 van zijn boek *Quantitative Financial Economics: Stocks, Bonds and Foreign Exchange*, presenteert en ontwikkelt Keith Cuthbertson de nuances van het CAPM en de wiskundige toepassingen.

Ten slotte verdient het aanbeveling dat de belegger of de investerende onderneming de factor "diversificatie", een essentiële parameter bij het meten van het risico, in aanmerking neemt om het risico te verminderen. Bovendien is voorzichtigheid geboden, want een risicovrij rendement bestaat niet! In het algemeen is diversificatie van de portefeuille een van de beste manieren om de belegger te beschermen en het risico te beperken.

Aandelen

De toename van het aantal activa in de portefeuille gaat gepaard met een vermindering van het risico, hoewel dit geen lineaire ontwikkeling is. De effecten van diversificatie zijn aanvankelijk aanzienlijk, maar na een bepaald punt nemen zij af terwijl de kosten in verband met het aantal aandelen (transacties, vaste kosten enz.) toenemen. Bovendien vermindert een maximale diversificatie de variabiliteit van de rendementen op aandelen. Als de variabiliteit bijvoorbeeld met 70% wordt verminderd, vormt de resterende 30% het "systematische" risico, omdat het onmogelijk is het risico volledig uit te sluiten door diversificatie (zie marktrisico).

 ## ACTIEF EN PASSIEF BEHEER

Actief beheer biedt doorgaans een hoger risico dan het marktrisico voor een hoger verwacht rendement.

Passief beheer garandeert een risico dat gelijk is aan het marktrisico voor een iets lager verwacht rendement.

Diversificatie kan op verschillende niveaus plaatsvinden:

- In verschillende zones (Europa, VS, Japan, opkomende landen, enz.);

- Op het niveau van de bedrijfssectoren;

- Volgens de grootte van het bedrijf;

- Per managementstijl (actief, passief, enz.).

Naast aandelen kunnen we andere voorbeelden nemen, zoals obligaties, contant geld en goud, zonder rekening te houden met andere activa zoals beleggingsfondsen, kunstwerken, enz.

- **Obligaties bieden** doorgaans een lager rendement dan aandelen, maar het risico is beperkt.

- **Cash of spaargeld biedt** meestal een lager rendement dan aandelen – met uitzonderingen, zoals Fortis-aandelen, die in 2008 ongeveer 95% van hun waarde verloren -, maar in dezelfde orde van grootte als obligaties.

- **Goud wordt** gekenmerkt door een hoog risico voor een lager gemiddeld rendement dan andere activa.

PRAKTIJKVOORBEELD

Context

In het kader van vermogensbeheer bepaalt een beheerder de doelstelling van de cliënt om deze zo goed mogelijk te verwezenlijken. De deskundige analyseert de hele situatie van de belegger – gezin, werk, nemen en vermogen. Dankzij deze analyse kan hij meer specifieke behoeften specificeren.

 # Vermogensbeheer – waarom?

Vermogensbeheer is een proces waarbij privébezittingen (roerende goederen, onroerend goed, contanten, enz.) worden geëvalueerd met het oog op een optimaal gebruik ervan. Als iemand veel bezittingen heeft, zal hij relatief hoge belastingen moeten betalen. Vermogensbeheer is erop gericht de kosten te minimaliseren door het gebruik van deze bezittingen te optimaliseren.

Wat is de meest efficiënte portefeuille voor deze belegger/klant volgens het CAPM-model?

Het probleem ligt in de beoordeling en vaststelling van een efficiënte portefeuille, afhankelijk van het type belegger waarmee de vermogensbeheerder te maken heeft.

 # Soorten beleggers

Banken en financiële instellingen maken doorgaans een onderscheid tussen vier soorten beleggers:

De risicodragende belegger, vol vertrouwen in de toekomst en op zoek naar rendement;

De toekomstgerichte belegger, die zowel vertrouwen heeft in de toekomst als terughoudend is in het nemen van risico's;

De *spender* (consument);

Ten eerste moet de beheerder verschillende marktparameters bepalen:

- **De keuze van de referentiemarktportefeuille.** Er bestaan verschillende aandelenindexen die een representatief geheel van activa op de markten samenbrengen. Daartoe behoren de CAC 40, met de veertig grootste beurskapitalisaties in Frankrijk, en de S&P 500 in Amerika.

- **De keuze van risicovrije activa.** Wij kunnen staatsobligaties of levensverzekeringsproducten beschouwen als activa met een beperkt risico. Hoewel het risico beperkt is – en dus nooit helemaal nul – is het rendement onzeker en volatiel.

- **De keuze van de klantenportefeuille.** Het CAPM gaat ervan uit dat alle financiële activa op de markt correct worden beoordeeld: ze hebben elk een bepaald risico en een bepaald verwacht rendement. De beheerder kiest samen met de belegger, die zich bewust is van de onvermijdelijke relatie tussen het rendement van de activa en de risico's, de portefeuille die het best aansluit bij de verwachtingen van de klant. De keuze van de inhoud van de portefeuille voor de cliënt zal dus rechtstreeks verband houden met zijn blootstelling aan de marktportefeuille. Deze blootstellingscoëfficiënt (bèta) kan gemakkelijk worden verkregen aan de hand van financiële informatie die door de aandelenindex wordt doorgegeven. Zodra de bèta is bepaald, is het nuttig een strategie op te stellen die aan de eisen van de belegger voldoet.

- **Modelvarianten: bèta, volatiliteit en portefeuille-rendement.** Het berekenen van de parameters van het CAPM kan op verschillende manieren:

  - Gebruik van eerdere historische gegevens op basis van episodische effecten. Hierbij is echter voorzichtigheid geboden: aangezien veranderingen in historische gegevens doorgaans gebonden zijn aan specifieke perioden (bijvoorbeeld crisisperioden), bieden zij geen volledige objectiviteit.

  - Via financiële gegevens die reeds beschikbaar en in gebruik zijn op verschillende platforms. Ook hier is het belangrijk voorzichtig te zijn, want sommige analyses kunnen over het subjectieve gaan en bevooroordeeld zijn.

  - Ten slotte, via bedrijfsrapporten en economische prognoses.

In het algemeen zoekt de beheerder naar de meest volledige - en dus meest betrouwbare - informatie om te voorkomen dat er nog meer risico aan de portefeuille van de belegger wordt toegevoegd. Zodra de varianten van het model zijn gespecificeerd, bepaalt het CAPM de best mogelijke verdeling van de financiële middelen van de belegger, met inachtneming van zijn wensen inzake rendement, risico en soorten activa.

Portefeuillesimulatie

Stelt u zich een relatief gediversifieerde portefeuille voor met activa in verschillende sectoren, uitgegeven door bedrijven van verschillend belang, die in verschillende geografische markten beleggen.

Deze portefeuille bestaat uit vijftien Duitse staatsobligaties, twintig aandelen in Belfius, acht aandelen in een Cambodjaanse landbouwcoöperatie en tien andere aandelen in Amerikaans onroerend goed.

Kennis van het correlatieniveau is belangrijk, omdat daaruit kan worden afgeleid of de portefeuille zeer risicovol is (coëfficiënt dicht bij 1, ofwel positieve correlatie) of niet (coëfficiënt dicht bij 0, ofwel negatieve correlatie). Bovendien geeft de prestatiecoëfficiënt informatie over de mate van risicobeheersing en dus over de relatieve veiligheid van de activa. Deze prestatie wordt berekend aan de hand van de ratio van de econoom William Sharpe, zodat elk negatief resultaat uit de portefeuille wordt verwijderd.

De prestatieanalyse kan twee dimensies omvatten:

- Een grafische dimensie;
- Een wiskundige dimensie, uitgedrukt in de waarde van de portefeuille en de waarde van de activa waaruit de portefeuille bestaat.

In het geval van onze portefeuille kunnen we vaststellen dat de toegepaste diversificatie goed is, maar verbeterd kan worden, met name door te kiezen voor minder gecorreleerde activa.

Conclusie

Het CAPM maakt een eenvoudige analyse mogelijk van de marktbewegingen en de risicoblootstelling van bepaalde activa. Zonder de uitbreidingen van het model is het echter van weinig of geen nut en inefficiënt. De *Sharpe*-ratio, bijvoorbeeld, is een belangrijk instrument om de prestatie van de activa te meten in een complexe omgeving zoals die van vandaag.

SAMENVATTING

- Het CAPM is een wiskundige methode waarmee het verwachte rendement van elk financieel activum kan worden berekend.

- Het model verscheen in de jaren vijftig, in een tijd waarin de financiële markten zich ontwikkelden en gestandaardiseerd werden, omdat beleggers meer informatie en waarborgen wilden om de winstgevendheid van hun financiële activa te garanderen.

- Theoretici:

  - In 1921 definieerde Frank Knight de begrippen onzekerheid en risico;

  - in 1950 markeerde het werk van Harry Markowitz het begin van de moderne theorie over diversificatie en portefeuilles;

  - Ten slotte ontwikkelden economen als William Sharpe, John Lintner, Jan Mossin en Fischer Black vanaf 1964 bestaande financiële modellen, die leidden tot het ontstaan van het CAPM.

- Bij de toepassing van het model is het essentieel om:

  - De efficiënte grens van portefeuilles te bepalen;

  - De optimale portefeuille te bepalen, door de activaportefeuille te diversifiëren om het systematische risico te minimaliseren en tegelijkertijd een bepaald niveau van winstgevendheid te handhaven;

- Het risico en de rentabiliteit van de portefeuille te meten.

- Het model is alleen bruikbaar als er geen ontbrekende informatie en geen transactiekosten zijn. De optimale gediversifieerde portefeuille is dus voor alle beleggers gelijk.

- De belangrijkste beperkingen van dit model zijn de ontoepasbaarheid van de gemaakte veronderstellingen en de instabiliteit van de bètawaarde.

- Drie modellen zijn uitbreidingen van het CAPM: het APT (*arbitrage pricing theory*), het multifactormodel en het driefactorenmodel van Fama-French.

VERDER LEZEN

BIBLIOGRAFIE

Baudot, J.-Y. (Geen datum) Le MÉDAF. *JYBaudot.fr.* [Online]. [Toegang 26 juni 2014]. Beschikbaar op: < http://www.jybaudot.fr/Bourse/medaf.html>

Broquet, C., Cobbaut, R., Gillet, R. en van den Berg, A. (2004) *Gestion de portefeuille.* Brussel: De Boeck.

Damodaran, A. (2006) *Finance d'entreprise. Théorie et pratique.* Brussel: De Boeck.

Desquilbet, J.-B. (Geen datum) Le MÉDAF. Modèle d'évaluation des actifs financiers. *Université d'Artois.* [Online]. [Geraadpleegd op 26 juni 2014]. Beschikbaar op: < http://jb.desquilbet.pagesperso-orange.fr/docs/A_M2thfi_2_MEDAF.pdf>

Gaga, O. en Tarib, A. (Geen datum) Le Modèle d'Équilibre des Actifs Financiers. Cas d'ITISSALAT AL-MAGHRIB. *Scribd.* [Online]. [Toegang 26 juni 2014]. Beschikbaar op: < http://fr.scribd.com/doc/24407264/Modele-d-equilibre-des-actifs-financiers-MEDAF-CAPM>

Limaiem, I. (2009) Les facteurs du modèle Fama et French: cas du marché des actions canadiennes. *Université du Québec à Montréal.* [Online]. [Geraadpleegd op 8 juli 2014]. Beschikbaar op: < http://www.archipel.uqam.ca/2202/1/M10858.pdf>

Moisson, J.-C. (Geen datum) *Méthodes et principes de gestion de portefeuille benchmarkée.* [Online]. [Geraadpleegd op 26

juni 2014]. Beschikbaar op: < http://www.bm.com.tn/
ckeditor/files/gestion_de_portefeuille_bench.pdf>

Ngoma, F. (2009) Évaluation des actifs financiers par le
MÉDAF. Validation empirique de la relation risque-rende-
ment par les modèles économétriques. *Mémoire Online*.
[Online]. [Geraadpleegd op 26 juni 2014]. Beschikbaar op:
< http://www.memoireonline.com/07/10/3749/
Evaluation-des-actifs-financiers-par-le-MEDAF-validation-
empirique-de-la-relation-risque-rendement-.html>

Statistics Canada (Geen datum) *Variantie en standaardafwijking*. [Online]. [Geraadpleegd op 26 juni 2014]. Beschikbaar
op: < http://www.statcan.gc.ca/edu/power-pouvoir/
ch12/5214891-eng.htm>

AANVULLENDE BRONNEN

Back, K.E. (2010) *Asset Pricing and Portfolio Choice Theory
(Financial Management Association Survey and Synthesis)*.
New York: Oxford University Press USA.

Capinski, M.J. en Kopp, E. (2014) *Portfolio Theory and Risk
Management (Mastering Mathematical Finance)*. Cambridge:
Cambridge University Press.

Cuthbertson, K. en Nitzsche, D. (2004) *Kwantitatieve financiele economie: Aandelen, obligaties en deviezen*. [2e editie].
West Sussex: John Wiley & Sons.

Levy, H. (2011) *Het Capital Asset Pricing Model in de 21e eeuw:
Analytische, empirische en gedragsperspectieven*. New York:
Cambridge University Press.

MASLOW'S
HIERARCHY
OF NEEDS

Personal accomplishment
Esteem
Belonging
Security
Physiologic

THE SWOT
ANALYSIS

Strengths
Weaknesses
SWOT
Opportunities
Threats

Master ISBN: 9782808063982
Papier ISBN: 9782808064279
Wettelijk depot: D/2022/12603/72

Digitaal ontwerp: Primento,
de digitale partner van uitgevers.